Jürgen Spohn

Provence

L'Iconothèque
Éditions J.C. Lattès

Photos et dessins de Jürgen Spohn

Textes choisis et adaptés par Pierre Ripert

Regain
© Grasset, 1930

© Editions Jean-Claude Lattès pour l'édition française, 1990
© Harenberg Kommunikation, Dortmund 1984
Printed in Germany

Sommaire

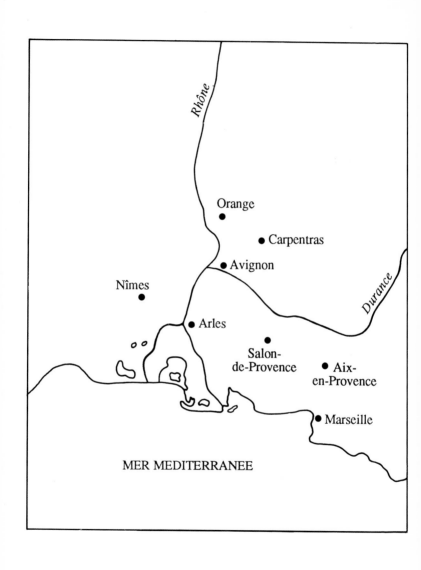

Introduction

Van Gogh, Cézanne ont apprécié sa lumière ; Daudet, Giono, Pagnol nous ont fait aimer sa terre, et son peuple : la Provence est synonyme de gaieté, de soleil, de vacances et de ciel bleu.

Déjà Mme de Sévigné écrivait en novembre 1690 y « sentir un soleil capable de rajeunir par sa simple chaleur ». Déjà elle en vantait la gastronomie, « ces perdreaux tous nourris de thym, de marjolaine..., les tourterelles, toutes parfaites aussi ». Et « les figues blanches et sucrées, les muscats comme des grains d'ambre que l'on peut croquer, et qui vous feraient fort bien tourner la tête, si vous en mangez sans mesure, parce que c'est comme si l'on buvait à petits traits du plus exquis vin de Saint-Laurent, Mon cher cousin, quelle vie ! [1] » C'est cette vie-là, ces rais de soleil illuminant la garrigue, la poudre blanche des pierres au pied d'une ruine, la rouille d'un calvaire sous un ciel nettoyé par le mistral que nous avons voulu évoquer.

Jürgen Spohn, photographe et dessinateur allemand, a pris les chemins buissonniers et s'est promené dans la Provence des quatre saisons. Ses coups de cœur, il les a aussitôt photographiés, dessinés. Sans noter les lieux, ce qui peut, au premier abord, surprendre. Mais la sensation ressentie devant un paysage ocre, la lumière et l'ombre jouant sur un mur ou la courbure d'une tête de cyprès se passent de repère géographique. C'était en Provence, la Provence dont il a voulu

1. Lettre à Coulanges, 09.09.1694.

nous faire rêver, et cela suffit. En revanche, il a indiqué les saisons, et orchestré son album autour de cette ronde. Même sous un ciel bleu, au fil des mois, la lumière change, se fait plus douce, ou plus âpre...

Pour l'accompagner, nous avons choisi de courts textes d'écrivains classiques, empruntant au Zola d'Aix-en-Provence, au Daudet de Nîmes, puis d'Arles, ou au Giono de Manosque, (et au Van Gogh d'Arles) des citations tirées de leurs œuvres pour ajouter encore au plaisir raffiné de cette promenade en Provence.

Printemps

Tian de courgettes

Pour huit personnes

Ingrédients :

1 kg de courgettes	1 sachet de parmesan
90 g de riz	Huile d'olive
2 ou 3 gousses d'ail	4 œufs
25 cl de crème fraîche	

Couper les courgettes en rondelles. Les faire revenir dans l'huile d'olive. Ajouter 2 ou 3 gousses d'ail écrasées. Bien remuer. Baisser le feu. Ajouter le riz lavé. Remuer. Saler, poivrer, couvrir. Laisser cuire 30 mn à feu doux. Hors du feu, et le tout un peu refroidi, ajouter 4 œufs, 25 cl de crème fraîche, un sachet de parmesan.
Mettre à four th. 6 pendant 20 mn.
Servir avec un vin rouge de Provence.

Moi je me réserve la pièce du bas, une petite pièce blanchie à la chaux, basse et voûtée comme un réfectoire de couvent.

C'est de là que je vous écris, ma porte grande ouverte, au bon soleil.

Un joli bois de pins tout étincelant de lumière dégringole devant moi jusqu'au bas de la côte. A l'horizon, les Alpilles découpent leurs crêtes fines... Pas de bruit... A peine, de loin en loin, un son de fifre, un courlis dans les lavandes, un grelot de mules sur la route... Tout ce beau paysage provençal ne vit que par la lumière.

Alphonse Daudet, Lettres de mon moulin

On est peu à peu arrivé à ce temps où l'hiver s'amollit comme un fruit malade. Jusqu'à présent, il était dur et vert et bien acide, et puis, d'un coup, le voilà tendre. L'air est presque tiède. Il n'y a pas encore de vent. Ça fait trois jours qu'à la barrière de l'horizon, au sud, un grand nuage est à l'ancre, dansant sur place.

Et puis, aujourd'hui, il y a eu la pluie. Elle est venue comme un oiseau, elle s'est posée, elle est partie ; on a vu l'ombre de ses ailes passer sur les collines de Névières, elle est revenue faire le tour d'Aubignane, puis elle a pris le vol vers les plaines. Après ça, on a eu le soleil qui a chauffé comme une bouche.

Panturle a défait ses houseaux d'étoffe. Il s'est installé au soleil. Il a allongé ses pieds nus dans la chaleur et il s'est amusé à agiter ses doigts de pieds. Caroline toute sotte le regardait.

La Mamèche s'est plantée face au sud et, pendant un long moment elle a regardé le nuage qui ne bougeait pas. Elle reniflait de longs morceaux d'air, elle le goûtait comme on goûte un vin pour voir s'il est fait, s'il a fini de bouillir, s'il a de l'alcool. Et puis, voyez : le nuage montait doucement vers le large du ciel ; il quittait la côte, il partait pour le voyage. C'est ça qu'elle voulait voir.

Alors elle est entrée chez elle ; elle a fait bouillir des pommes de terre ; elle en a fait bouillir de vieilles, des grosses, de toutes. Quand elles ont été cuites, elle les a alignées sur la table, elle les a encore comptées puis elle s'est mise à calculer sur ses doigts.

— Un jour, deux jours, peut-être trois, peut-être quatre.

A la fin, elle a dit :

— Ça fait le compte.

Elle a mis les pommes de terre dans une serviette avec une poignée de gros sel et elle a attaché le paquet avec une liane de clématite. Après, elle a enlevé le rosaire du cou de la vierge et elle l'a mis à son cou. Elle est restée un moment à regarder la vierge. Ses lèvres ne bougeaient pas.

Alors, le nuage qui partait est passé devant la fenêtre, et il avait bien pris de la vitesse, et il montait vers le nord.

C'est la nuit de ce jour-là qu'il y a eu la grande débâcle du ciel. Tout ce que le froid avait gelé et durci, tout ce qu'il retenait immobile : tout ça, subitement s'est délivré et a repris la vie. C'est le nuage à pluie, c'est le vent des quatre coins, c'est sud par bonds et on entend toute la lettre qui en parle.

Le vent du printemps !

Au matin, Panturle a ouvert sa porte sur le monde délivré. C'est la vie, c'est la belle vie avec des gestes et des courses. Tout le bois, les bras en l'air, danse sur place une grande danse énervée. De larges navires d'ombre naviguent sur les collines. Le vol des nuages s'élance d'une rive du ciel à l'autre. Il passe dans le vent un corbeau tout éperdu, roulé comme une feuille morte.

Il a détaché Caroline. Ah ! tout de suite, ça a semblé un jet de l'eau ! Elle est partie en sautant ; on aurait dit une vague de poils au-dessus de l'herbe. Elle est allée se planter des quatre pattes devant le cyprès ; elle l'a menacé un moment des cornes, puis elle est partie brusquement en sens inverse et l'herbe sifflait contre ses jambes.

Jean Giono, Regain

Rouleaux de feuilles de sauge

Ingrédients pour chaque rouleau :

2 grandes feuilles de sauge
un anchois
un peu de lait

1 œuf
farine
huile pour grande friture
1 cure-dent

Pour chaque rouleau, prenez deux grandes feuilles de sauge et un anchois que l'on aura préalablement fait tremper 30 mn dans du lait, pour le desssaler. Prenez l'anchois en « sandwich » entre les deux feuilles. Roulez le tout et utilisez un cure-dent pour maintenir le rouleau en place.

Trempez chaque rouleau dans de l'œuf battu, puis dans la farine et faites-les frire dans une grande quantité d'huile chaude jusqu'à ce qu'ils soient gonflés et croustillants.

A déguster en apéritif avec un vin blanc frais de Provence.

La vue qu'on a du haut du rocher des *Doms* est sinon très belle, du moins fort étendue : à l'est, on découvre les Alpes de la Provence et du Dauphiné et le mont Ventoux ; à l'ouest, on suit une grande partie du bassin du Rhône. Je trouve que le cours de ce fleuve donne l'idée de la puissance ; son lit est parsemé d'îles couvertes de saules : cette verdure n'est pas bien noble, mais, au milieu de ce pays sec et pierreux, elle réjouit les yeux.

Au-delà du Rhône et des ruines du fameux pont d'Avignon, dont il emporta la moitié en 1669, s'élève un coteau que couronnent Villeneuve et la forteresse de Saint-André ; leurs murs sont entourés de bois et de vignobles. Le Comtat est couvert d'oliviers, de saules et de mûriers tellement serrés qu'en certaines parties ils font forêt ; au travers de ces arbres, on entrevoit de loin les jolis remparts de Carpentras.

. . . .

Le vent du nord rencontre la longue vallée de ce fleuve qui est nord et sud ; elle remplit l'office du bout d'un soufflet de cheminée et redouble sa force. Quand le mistral règne en Provence, on ne sait où se réfugier ; à la vérité, il fait un beau soleil, mais un vent froid et insupportable pénètre dans les appartements les mieux fermés et agace les nerfs de façon à donner de l'humeur sans cause au plus intrépide *.

Stendhal, Mémoires d'un touriste

* Dans ces cas-là, je trouve que les anciens prenaient des bains d'huile. Pline, lib. XXIX.

En Arles.

Dans Arle, où sont les Aliscams,
Quand l'ombre est rouge, sous les roses,
    Et clair le temps,

Prends garde à la douceur des choses.
Lorsque tu sens battre sans cause
    Ton cœur trop lourd;

Et que se taisent les colombes :
Parle tout bas, si c'est d'amour,
    Au bord des tombes.

Paul-Jean Toulet,
Les Contrerimes

Tu comprends que la nature de ce pays méridional ne peut pas être précisément rendue avec, par exemple, la palette d'un Mauve, qui appartient au Nord, et qui est un maître et demeure un maître dans le gris. La palette, aujourd'hui, est absolument colorée, bleu céleste, orangé, rose, vermillon, jaune très vif, vert clair, le rouge clair du vin, violet.

Mais, en jouant de toutes ces couleurs, on en vient à créer le calme, l'harmonie. Et il se produit quelque chose d'analogue à ce qui se passe pour la musique de Wagner, qui, même exécutée par un grand orchestre, n'en est pas moins intime pour cela.

Vincent Van Gogh, Lettre à sa sœur Wilhelmina

Le lendemain, le soleil se leva dans un horizon sans nuages ; une brise fraîche agitait les feuilles des vieux ormes compagnons et contemporains du vieux château, et promettait de tempérer les ardeurs du midi ; car en Provence, une belle journée du mois de mai ne garde pas longtemps la fraîche humidité du matin. René était pâle et soucieux : ses yeux fatigués annonçaient qu'il avait mal dormi. Il se leva de bonne heure ; mais après s'être vêtu et équipé pour la chasse, il demeura près d'une heure en rêverie auprès de sa fenêtre, les yeux tantôt fixés sur le vif azur des cieux ou sur la verdure tendre des arbres et ne regardant sans doute ni les uns ni les autres, mais plutôt en lui-même.

Honoré de Balzac, Dom Gigadao

51

Été

Mais elle, dans un besoin d'air et de libre espace, était allée à cette fenêtre ouverte. L'ardente pluie de braise avait cessé, il n'y avait plus, tombant de haut, que le dernier frisson du ciel surchauffé et pâlissant; et, de la terre brûlante encore, montaient des odeurs chaudes, avec la respiration soulagée du soir. Au bas de la terrasse, c'était d'abord la voie du chemin de fer, les premières dépendances de la gare, dont on apercevait les bâtiments; puis, traversant la vaste plaine aride, une ligne d'arbres indiquait le cours de la Viorne, au-delà duquel montaient les coteaux de Sainte-Marthe, des gradins de terres rougeâtres plantées d'oliviers, soutenues par des murs de pierres sèches, et que couronnaient des bois sombres de pins : large amphithéâtre désolé, mangé de soleil, d'un ton de vieille brique cuite, déroulant en haut, sur le ciel, cette frange de verdure noire. A gauche, s'ouvraient les gorges de la Seille, des amas de pierres jaunes, écroulées au milieu de terres couleur de sang, dominées par une immense barre de rochers, pareille à un mur de forteresse géante; tandis que, vers la droite, à l'entrée même de la vallée où coulait la Viorne, la ville de Plassans étageait ses toitures de tuiles décolorées et roses, son fouillis ramassé de vieille cité, que perçaient des cimes d'ormes antiques, et sur laquelle régnait la haute tour de Saint-Saturnin, solitaire et sereine, à cette heure, dans l'or limpide du couchant.

Émile Zola, Le docteur Pascal

A moitié chemin, à peu près, presque étouffé par la poussière, j'ai entrevu vers les deux heures du matin, dans une vallée que traverse la route, un joli petit bois bien frais; chose miraculeuse au milieu de ces coteaux arides de la Provence. En été, ce pays ne se compose que de coteaux calcinés et d'une poussière infâme qui pénètre partout; je puis toujours écrire avec le doigt sur les manches de ma redingtote.

Stendhal, Mémoires d'un touriste

C'était en revenant de Nîmes, une après-midi de juillet. Il faisait une chaleur accablante. A perte de vue, la route blanche, embrasée, poudroyait entre les jardins d'oliviers et de petits chênes, sous un grand soleil d'argent mat qui remplissait tout le ciel. Pas une tache d'ombre, pas un souffle de vent. Rien que la vibration de l'air chaud et le cri strident des cigales, musique folle, assourdissante, à temps pressés, qui semble la sonorité même de cette immense vibration lumineuse...

Alphonse Daudet, Lettres de mon moulin

61

Aubergines en « papeton »

Pour six personnes

Ingrédients :

1,5 kg d'aubergines	Sel
1 oignon	Poivre
2 gousses d'ail	1 branche de thym
Huile d'arachide	2 feuilles de laurier
Huile d'olive	5 œufs
	100 g de parmesan râpé

Peler et couper les aubergines en petits dés. Les faire revenir à la poêle dans l'huile d'arachide et les égoutter sur du papier absorbant.

Dans une cocotte, avec très peu d'huile d'olive, ajouter l'oignon et l'ail hachés, le thym et le laurier.

Lorsque l'oignon est légèrement doré, mettre 2 cuil. à soupe d'eau laisser cuire 5 mn.

Puis joindre les aubergines, les laisser 10 mn à très petit feu pour qu'elles prennent le goût des aromates. Enlever le thym et le laurier. Passer tout l'appareil au mixer. Mélanger les œufs l'un après l'autre à la purée d'aubergines, et ajouter un peu de parmesan. Saler et poivrer. Huiler le fond et les parois d'un moule à soufflé et y verser le mélange. Mettre à four chaud dans un bain-marie.

Au bout de 20 mn, il se forme une croûte sur le dessus. Sortir du four et saupoudrer de parmesan. Cuire encore 30 mn à four moyen, th. 5. Démouler le papeton et servir chaud avec un coulis de tomate froid.

Peut se manger froid en hors-d'œuvre, en tranches, avec un vin rosé de Provence.

C'était sur un chemin crayeux
    Trois châtes de Provence
Qui s'en allaient d'un pas qui danse
    Le soleil dans les yeux.

Une enseigne, au bord de la route,
    – Azur et jaune d'œuf, –
Annonçait : Vin de Châteauneuf,
    Tonnelles, Casse-croûte.

Et, tandis que les suit trois fois
    Leur ombre violette,
Noir pastou, sous la gloriette,
    Toi, tu t'en fous : tu bois...

C'était trois châtes de Provence
    Des oliviers poudreux,
Et le mistral brûlant aux yeux
    Dans un azur immense.

Paul-Jean Toulet, Les Contrerimes

84

Automne

Il faut assister aux fêtes patronales des villages de la Provence, que les habitants appellent des *trins*, des *roumavagis* ou des *roumeiragis*, pour sentir la gaieté vive qui les anime. Ces fêtes sont annoncées la veille, et même plusieurs jours d'avance, par le son du galoubet et du tambourin.

La danse des olivettes s'exécute au son du tambourin et du galoubet. Une longue perche ornée de rubans de différentes couleurs est tenue par un homme, autour duquel se groupent autant de danseurs qu'il y a de rubans. Chaque danseur porte un pourpoint ou gilet étroit, et une culotte large et à grands plis, comme chez les peuples du Levant. La culotte, le gilet et les souliers, blancs, sont également enrubannés.

A mesure qu'un ruban tombe du haut du mat, un des danseurs le prend ; il le tient d'abord de la main droite, puis de la gauche, tant que la danse dure ; et la danse ne finit que lorsque tous les rubans on été, l'un après l'autre, tressés autour du mat et délacés en cadence. La danse se compose donc de deux parties : dans la première, tous les danseurs se tiennent en rond et se balancent à droite et à gauche ; puis chacun d'eux passe successivement face à face et dos à dos contre tous les autres. Les figures de la première partie ne se terminent que lorsque tous les rubans se trouvent entièrement tressés, et forment une espèce de losange où toutes les couleurs sont bien marquées. Dans la seconde partie, on danse en sens inverse, et l'on suit une marche tout à fait contraire à celle de la première ; c'est ainsi que la tresse de rubans se déroule insensiblement et finit par se détacher tout à fait.

Champfleury, Chansons populaires de France, 1843

Depuis trois jours, le mistral soufflait, mais, le soir, il redoubla, avec une violence nouvelle; et Martine annonça qu'il durerait au moins trois jours encore, suivant la croyance populaire. Les vents de la fin septembre, au travers de la vallée de la Viorne, sont terribles. Aussi eut-elle le soin de monter dans toutes les chambres, pour s'assurer que les volets étaient solidement clos. Quand le mistral soufflait, il prenait la Souleiade en écharpe, par-dessus les toitures de Plassans, sur le petit plateau où elle était bâtie. Et c'était une rage, une trombe furieuse, continue, qui flagellait la maison, l'ébranlait des caves aux greniers, pendant des jours, pendant des nuits, sans un arrêt. Les tuiles volaient, les ferrures des fenêtres étaient arrachées; tandis que, par les fentes, à l'intérieur, le vent pénétrait, en un ronflement éperdu de plainte, et que les portes, au moindre oubli, se refermaient avec des retentissements de canon. On aurait dit tout un siège à soutenir, au milieu du vacarme et de l'angoisse.

Émile Zola, Le docteur Pascal

Arles, septembre 1888.

Parce que jamais j'ai eu une telle chance, ici la nature est *extraordinairement* belle. Tout et partout la coupole du ciel est d'un bleu admirable, le soleil a un rayonnement de soufre pâle et c'est doux et charmant comme la combinaison des bleus célestes et des jaunes dans les Van der Meer de Delft. Je ne peux pas peindre aussi beau que cela, mais m'absorbe tant que je me laisse aller sans penser à aucune règle. [...]

Demain je vais dessiner, jusqu'à ce qu'arrive la couleur. Mais j'y suis arrivé maintenant de parti pris de ne plus dessiner un tableau au fusain. Cela ne sert à rien, il faut attaquer le dessin avec la couleur même pour bien dessiner. [...]

Vincent Van Gogh, Lettre à son frère Théo

Tarte au basilic

Pour quatre personnes

Ingrédient :

1 pâte brisée	2 gousses d'ail
4 belles tomates	1 bouquet de persil
4 œufs entiers	thym
1 dl 1/2 de lait	sel
150 g de crème fraîche épaisse	poivre
120 g de gruyère	un gros bouquet de basilic
20 g de parmesan	

Ébouillanter les tomates, les peler, les épépiner, et les couper en très petits morceaux. Battre les œufs entiers, ajouter le lait, la crème fraîche, le gruyère râpé, le parmesan, les tomates coupées, le sel, le poivre, l'ail écrasé et les herbes finement hachées. Réserver un peu de basilic. Faire précuire le fond de tarte, 10 mn à blanc, avant de le garnir, il sera plus croustillant. Verser le mélange dans ce fond de tarte préparé et faire cuire environ 30 mn à four doux. Ajouter le basilic que vous avez réservé, finement haché, au moment de servir. Servir avec un vin rosé de Provence, bien frais.

108

117

LES
HAUTS
LUQUETS

Hiver

Daube provençale

Pour huit personnes

Ingrédients :

2 kg 1/2 de daube	laurier
1 botte de carottes	sel
1 navet	poivre
2 branches de céleri	4 l de vin rouge
2 poireaux	huile
2 oignons	farine
persil	champignons
thym	

plus les légumes pour le fond de sauce.

1er jour : préparation du fond de sauce :

Dans un plat à gratin, mettre des os à moelle coupés, des légumes émincés (carottes, 2 poireaux, céleri, navet et 1 oignon), du persil, un bouquet garni (thym, laurier), sel, poivre. Mettre au four à très forte température. Quand l'ensemble est bien doré, baisser le thermostat du four de moitié, et bien arroser les os et les légumes. Faire cuire pendant environ 2 heures à 2 h 30. Laisser refroidir le plat. Puis en retirer les os et en enlever le restant de viande et la moelle. Passer le tout (viande, moelle et légumes) au tamis en écrasant bien les légumes avec une louche. Le fond de sauce est prêt ; la mettre au réfrigérateur pour bien le faire prendre.

Couper la viande en morceaux, la mettre dans une marmite ainsi que tous les légumes émincés, du persil, le bouquet garni, sel et poivre ; y ajouter 4 l de vin de façon à bien couvrir viande et légumes et laisser macérer toute la nuit.

Deuxième jour :

Retirer les morceaux de viande de la marinade et les faire revenir dans une poêle avec de l'huile. Quand la viande est bien dorée, mettre les morceaux dans une cocotte avec 4 cuil. de farine, couvrir et laisser cuire à feu doux pendant 1 ou 2 mn.

Auparavant faire cuire les légumes dans le vin pendant 2 heures. Quand ils sont cuits, les égoutter en gardant le vin que l'on rajoutera à la viande en versant doucement tout en tournant pour bien amalgamer viande, farine et vin.

Passer les légumes au tamis en appuyant bien et ajouter le jus dans la daube. Remettre le bouquet garni. Laisser mijoter une petite heure, puis ajouter 6 cuil. à soupe de fond de sauce.

Faire cuire les champignons à part, dans une poêle.

Troisième jour :

Faire mijoter la daube au moins 4 heures à feu très doux.

Accompagner la daube de pommes vapeur et d'un vin rouge de Provence.

Ah! ma bonne, quelle peinture de l'état où vous avez été! et que je vous aurois mal tenu ma parole, si je vous avois promis de n'être point effrayée d'un si grand péril! Mais il est impossible de se représenter votre vie si proche de sa fin, sans frémir. Ce Rhône qui fait peur à tout le monde, ce pont d'Avignon où l'on a tort de passer même après avoir pris toutes ses mesures! un tourbillon de vent vous jette violemment sous une arche. Par quel miracle n'avez-vous pas été brisés et noyés dans un moment? Et M. de Grignan vous laisse embarquer pendant un orage; et quand vous êtes téméraire, il trouve plaisant de l'être encore plus que vous; au lieu de vous faire attendre que l'orage soit passé, il veut bien vous exposer. Ah, mon Dieu! qu'il eût été bien mieux d'être timide, et de vous dire que si vous n'aviez point de peur, il en avoit, lui, et de ne point souffrir que vous traversassiez le Rhône par un temps comme celui qu'il faisoit! Que j'ai de peine à comprendre sa tendresse en cette occasion! Je ne soutiens pas cette pensée, j'en frissonne, et je m'en suis réveillée avec des sursauts dont je ne suis pas la maîtresse. Trouvez-vous toujours que le Rhône ne soit que de l'eau? De bonne foi, n'avez-vous point été effrayée d'une mort si proche et si inévitable? Mais encore serois-je un peu consolée si cela vous rendoit moins hasardeuse à l'avenir, et si une aventure comme celle-là vous faisoit voir les dangers comme ils sont. Je vous prie de m'avouer ce qui vous en est resté : je crois du moins que vous aurez rendu grâces à Dieu de vous avoir sauvée. Pour moi, je suis persuadée que les messes que j'ai fait dire tous les jours pour vous ont fait ce miracle, et je suis plus obligée à Dieu de vous avoir conservée dans cette occasion, que de m'avoir fait naître.

Madame de Sévigné, lettre à Mme de Grignan,
Hiver 1671

L'hiver est dur, cette année, et jamais on n'a vu cette épaisseur de glace au ruisseau ; et jamais on n'a senti ce froid, si fort, qu'il est allé geler le vent au fond du ciel. Le pays grelotte dans le silence. La lande qui s'en va par le dessus du village est tout étamée de gel. Il n'y a pas un nuage au ciel. Chaque matin, un soleil roux monte en silence ; en trois pas indifférents, il traverse la largeur du ciel et c'est fini. La nuit entasse ses étoiles comme du grain.

Panturle a pris sa vraie figure d'hiver. Le poil de ses joues s'est allongé, s'est emmêlé comme l'habit des moutons.

C'est un buisson. Avant de commencer à manger, il écarte les poils autour de sa bouche. Il est devenu plus méchant aussi. Il ne parle plus à ses ustensiles. Il a entouré ses pieds et ses jambes avec des étoffes attachées avec des ficelles. Avec ça, il a chaud, il ne glisse pas, il ne fait pas de bruit. Il est toujours avec son couteau et ses fils de fer sournois. Il chasse. Il a besoin de viandes.

La Mamèche aussi fait sa chasse, pour elle, à sa façon. Elle s'attaque au petit gibier : aux moineaux que le froid rend familiers et qui sont tout ébouriffés comme des pelotes de laine. Elle fait ce qu'on appelle ici : embaumer du grain. Elle a de vieux grains d'avoine et les fait bouillir avec de la rue et des capsules de datura, puis elle épand son grain devant la porte. Les moineaux mangent et ils meurent. Sur place. Avant de les faire cuire, elle leur ôte le gésier, elle ouvre le gésier avec de vieux ciseaux et elle fait tomber les grains dans du papier. Ça sert pour une autre fois. (...)

L'hiver se serre encore et c'est toujours, l'un après l'autre les mêmes jours.

Jean Giono, Regain

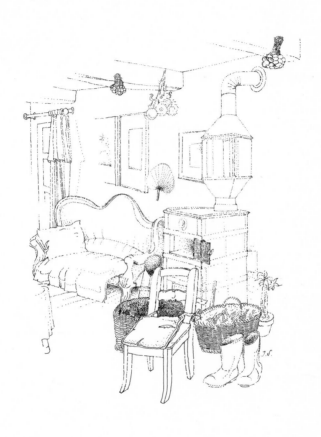

Durant le voyage j'ai pour le moins autant pensé à toi, qu'au nouveau pays que je voyais.

Seulement je me suis dit que plus tard tu viendras peut-être toi-même souvent ici. Il me semble presque impossible de pouvoir travailler à Paris, à moins que l'on n'ait une retraite pour se refaire et pour reprendre son calme et son aplomb. Sans cela on serait fatalement abruti.

Maintenant je te dirai que pour commencer il y a partout au moins 60 centimètres de neige de tombée, et il en tombe toujours.

Arles ne me semble pas plus grand que Bréda ou Mons.

Avant d'arriver à Tarascon, j'ai remarqué un magnifique paysage d'immenses rochers jaunes, étrangement enchevêtrés des formes les plus imposantes.

Dans les petits vallons de ces rochers étaient alignés de petits arbres ronds au feuillage d'un vert olive ou vert gris, qui pourraient bien être des citronniers.

Mais ici à Arles le pays paraît plat. J'ai aperçu de magnifiques terrains rouges plantés de vignes, avec des fonds de montagnes du plus fin lilas. Et les paysages dans la neige avec les cimes blanches contre un ciel aussi lumineux que la neige, étaient bien comme les paysages d'hiver qu'ont faits les Japonais.

Voici mon adresse :

Restaurant Carrel
30, Rue Cavalerie, Arles
(Département Bouches-du-Rhône)

Je n'ai encore fait qu'un petit tour dans la ville, étant plus ou moins esquinté hier soir.

Vincent Van Gogh, Lettre à son frère Théo

En ouvrant ma porte ce matin, il y avait autour de mon moulin un grand tapis de gelée blanche. L'herbe luisait et craquait comme du verre; toute la colline grelottait... Pour un jour ma chère Provence s'était déguisée en pays du Nord; et c'est parmi les pins frangés de givre, les touffes de lavandes épanouies en bouquets de cristal, que j'ai écrit ces deux ballades d'une fantaisie un peu germanique, pendant que la gelée m'envoyait ses étincelles blanches, et que là-haut, dans le ciel clair, de grands triangles de cigognes venues du pays de Henri Heine descendaient vers la Camargue en criant : « Il fait froid... froid... froid. »

Alphonse Daudet, Lettres de mon moulin

Mme de Chaulnes me mande que je suis trop heureuse d'être ici avec un beau soleil; elle croit que tous nos jours sont filés d'or et de soie. Hélas! mon cousin, nous avons cent fois plus de froid ici qu'à Paris; nous sommes exposés à tous les vents : c'est le vent du midi, c'est la bise, c'est le diable, c'est à qui nous insultera; ils se battent entre eux pour avoir l'honneur de nous renfermer dans nos chambres; toutes nos rivières sont prises; le Rhône, ce Rhône si furieux, n'y résiste pas; nos écritoires sont gelées, nos plumes ne sont plus conduites par nos doigts, qui sont transis; nous ne respirons que de la neige; nos montagnes sont charmantes dans leur excès d'horreur; je souhaite tous les jours un peintre pour bien représenter l'étendue de toutes ces épouvantables beautés : voilà où nous en sommes. Contez un peu cela à notre duchesse de Chaulnes, qui nous croit dans des prairies, avec des parasols, nous promenant à l'ombre des orangers. Vous avez très bien imaginé toutes les magnificences champêtres de notre noce; tout le monde a pris sa part des louanges que vous donnez. J'ai été charmée de l'air et de la modestie de cette soirée; je l'ai mandé à Mme de Coulanges.

Le froid me glace et me fait tomber la plume des mains. Où êtes-vous? à Saint-Martin, à Meudon, à Bâville? Quel est le bienheureux endroit qui possède l'aimable et *jeune* Coulanges? Je viens de dire pis que pendre de l'avarice à Mme de Coulanges : les richesses que laisse Mme de Meckelbourg me donnent une joie extrême de penser que je mourrai sans aucun argent comptant, mais aussi sans dettes; c'est tout ce que je demande à Dieu et c'est assez pour une chrétienne.

Mme de Sévigné, Lettre à Coulanges

Personne aux champs... Notre belle Provence catholique laisse la terre se reposer le dimanche... Les chiens seuls au logis, les fermes closes... De loin en loin, une charrette de roulier avec sa bâche ruisselante, une vieille encapuchonnée dans sa mante feuille morte, des mules en tenue de gala, housse de sparterie bleue et blanche, pompons rouges, grelots d'argent, – emportant au petit trot toute une carriole de gens de *mas* qui vont à la messe; puis, là-bas, à travers la brume, une barque sur la *roubine* et un pêcheur debout qui lance son épervier...

Pas moyen de lire en route ce jour-là. La pluie tombait par torrents, et la tramontane vous la jetait à pleins seaux dans la figure... Je fis le chemin tout d'une haleine, et enfin, après trois heures de marche, j'aperçus devant moi les petits bois de cyprès au milieu desquels le pays de Maillane s'abrite de peur du vent.

Pas un chat dans les rues du village; tout le monde était à la grand'messe. Quand je passai devant l'église, le serpent ronflait, et je vis les cierges reluire à travers les vitres de couleur.

Le logis du poète est à l'extrémité du pays; c'est la dernière maison à main gauche, sur la route de Saint-Remy, – une maisonnette à un étage avec un jardin devant... J'entre doucement... Personne! La porte du salon est fermée, mais j'entends derrière quelqu'un qui marche et qui parle à haute voix... Ce pas et cette voix me sont bien connus... Je m'arrête un moment dans le petit couloir peint à la chaux, la main sur le bouton de la porte, très ému. Le cœur me bat. – Il est là. Il travaille...

Alphonse Daudet, Lettres de mon moulin

On m'avait fortement recommandé de ne point passer sans aller faire une excursion à cette ancienne cour d'amour de la Provence, qui donna des podestats à Arles, des princes à Orange, des stathouders à la Haye, et des rois à Amsterdam et à Londres. En conséquence, aussitôt que nous eûmes visité tout ce qu'Arles a de plus remarquable, nous nous acheminâmes vers les Baux.

La route est en harmonie avec le lieu où elle conduit. (...) Nous nous enfonçâmes avec elle dans une espèce de désert de joncs et de roseaux, dont le sol marécageux semblait le lit d'un ancien étang. Puis nous nous engageâmes dans des montagnes aussi tristes que les plaines désolées que nous venions de quitter.

A une demi-lieue de Maussane, au détour d'une montagne, nous commençâmes à apercevoir au haut d'un rocher, au milieu d'un paysage nu et rougeâtre, la ville que nous venions visiter. Nous nous engageâmes dans un sentier escarpé qui monte en tournoyant, et nous avançâmes sans rien voir de ce qui annonce le voisinage d'un lieu destiné aux hommes, sans entendre aucun souffle de cette respiration immense qui dénonce l'existence d'une ville : c'est qu'en effet les hommes ont disparu, et que la pauvre ville est morte, entièrement morte : morte d'abandon, morte d'épuisement, morte de faim, parce qu'une route qui conduisait d'Orgon à Arles, et qui était l'artère qui menait le sang à son cœur, s'est éloignée d'elle ou perdue elle-même quand a commencé de s'éteindre la splendeur de la Provence.

Alexandre Dumas, Le Midi de la France

156

La Provence

Histoire

La Provence – même étymologie latine que « province » – a eu, au cours de son histoire, des frontières très variables : limitée, actuellement, par la Méditerranée, les Alpes et le Rhône (administrativement Alpes-de-Haute-Provence, Bouches-du-Rhône, Var et Vaucluse), elle « monta » jusqu'à Genève, Toulouse, Limoges...

Des ossements retrouvés témoignent de la présence de l'homme en Provence, notamment sur le littoral, depuis la plus lointaine préhistoire. A partir du VIᵉ millénaire, les agriculteurs et les pasteurs succèdent aux chasseurs et se bâtissent des huttes de pierres sèches, ancêtres de ces « bories » que l'on trouve encore dans la campagne provençale.

Les premiers objets en cuivre apparaissent vers 2500 av. J.-C., la maîtrise du bronze est réalisée vers 1800 av. J.-C. La preuve est faite aussi (grâce à des pierres volcaniques issues d'îles méditerranéennes) qu'il existait déjà des échanges maritimes.

Échanges qui, avec les Grecs (fondateurs de Marseille – Massalia) deviennent réguliers. Les Grecs, même s'ils remontent la Durance, s'implantent à Arles... se limitent surtout à installer des comptoirs commerciaux sur la côte (Nice, Antibes, La Ciotat...). Ils apprennent aux indigènes à tailler la vigne, déjà existante.

Entretemps, les Celtes venus du Nord se sont mêlés aux Ligures, descendants des premiers occupants du littoral. Art celte et statuaire grecque, tribus terriennes et peuple de marins : les civilisations co-existent, font des échanges...

Aux Grecs succèdent les Romains qui, en 125 av. J.-C. pacifient la contrée et ne la quittent plus : la Provence est pour eux une importante région stratégique, – *Gallia transalpina*, puis *Gallia Narbonnensis* – entre l'Italie et l'Espagne.

Les vétérans des légions cultivent la terre, plantent des vignes, créent des villes qu'ils gèrent avec habileté : Apt, Avignon, Carpentras, Digne..., organisent un important réseau routier. Pline l'Ancien compare la Province à une autre Italie, qui fournit blé, huile d'olive et... bateaux à son modèle. Les Gaulois, eux, se sont retirés dans les zones montagnardes. Les témoignages de cette période restent nombreux : fragments d'aqueducs, sculptures, vestiges de *villae*.

Sous le bas-empire, l'influence des villes décline, l'aristocratie fortifie ses grands domaines, qui seront les bases de la féodalité. L'effondrement de l'Empire romain, au Ve siècle, laisse la voie libre aux invasions barbares descendues de Germanie. Wisigoths, Burgondes, Ostrogoths se succèdent. Mais ce sont les Francs qui annexent – pacifiquement – la Provence. Les fils de Clovis se la partagent, et leurs héritiers en abandonnent le gouvernement à des patrices qui agissent de façon autonome. Ainsi, les Provençaux font-ils appel aux Arabes quand Charles Martel les combat ! Le vainqueur de la bataille de Poitiers doit, avec ses troupes, se livrer à une expédition punitive au cours de laquelle il ravage Arles, Avignon et Marseille.

Charlemagne intègre la Provence à son empire. Mais dès le début du IXe siècle, les Sarrasins s'emparent de Marseille, d'Arles, profitant des divisions des princes carolingiens héritiers de l'empereur. Le Traité de Verdun (843) attribue la Provence à Lothaire. En 855, le royaume d'Arles (ou de Provence) s'étend de la Méditerranée à la Tarentaise et au Belley, en incluant le comté de Lyon. Vingt ans plus tard, la Lombardie s'ajoute à l'ensemble.

Commencent cinq siècles d'incertitudes politiques, où la Provence est propriété de diverses dynasties mais où elle atteint une apogée artistique et culturelle qui laissera des traces si fortes dans la mémoire provençale que les poètes, autour de Frédéric Mistral et de son félibrige, en plein XIXe siècle, se donneront pour but de ressusciter cet âge d'or.

En 1032, le royaume de Provence est rattaché au Saint-Empire romain-germanique, et le restera trois siècles. Comtes de Toulouse et de Barcelone se partagent le royaume et s'y combattent par factions interposées. Mais la région connaît une relative prospérité économique : le Rhône est l'axe obligé entre le Nord et le Sud, les ports, d'où partent les croisades, accueillent les denrées orientales.

En 1246, Béatrix, fille de Raimond Béranger V, remarquable administrateur qui a ramené la paix et l'ordre en Provence, épouse Charles Ier d'Anjou, qui devient aussi, après la bataille de Bénévent, roi de Naples. La dynastie angevine durera deux siècles, et se partagera entre l'Italie, la Provence (qui dépend du royaume de Naples) et la France.

Le Dauphiné échappe aux convoitises provençales après son annexion, en 1349, par le roi de France. Un an auparavant, Avignon a été vendue au pape.

En 1481, Charles du Maine, éphémère successeur du légendaire roi René (1434-1480) lequel, lui-même poète, s'érige en protecteur des arts et des sciences, laisse par testament le comté à la France, à condition que la Provence garde ses usages, coutumes et privilèges?

François Ier est le premier à passer outre en imposant le français comme langue officielle, et ses successeurs continuent à « grignoter » l'identité provençale. Louis XIV accentue la centralisation administrative.

Pendant les guerres de religion, la Provence des montagnes a abrité des communautés vaudoises, avant de se rallier aux protestants. Lesquels, même après la Révocation de l'Édit de Nantes, ne subissent pas des dragonnades, comme celles qui martyrisent les Cévennes, de l'autre côté du Rhône.

Aux efforts centralisateurs, la noblesse provençale répond par des demandes d'autonomie. Même si elle envoie Mirabeau, un noble grand défenseur des droits du Tiers État, aux États généraux de 1789, même si ses délégations votent la déchéance du roi, la Provence, sous la Révolution, reste royaliste, et continue de l'être jusqu'à la nouvelle flambée révolutionnaire de 1848. Elle bascule alors à gauche, les fiefs royalistes de la « Provence blanche » se concentrant dans les quartiers bourgeois des villes, et à Arles, où naît le félibrige (1854). Cette opposition entre « blancs » et « rouges » se retrouve encore aujourd'hui à l'échelon municipal.

Les villes et les sites

Aix-en-Provence

La fondation d'Aix-en-Provence, par le proconsul Caïus Sextius Calvinus, intervient en 122 av. J.-C. Mais les celto-ligures étaient depuis longtemps installés sur le site, à proximité des sources d'eaux chaudes et froides et les Salyens, dont le territoire s'étendait du Rhône à la Durance et à l'Argens en firent probablement leur capitale, 300 ans av. J.-C.

Au IVe siècle, la ville qui a été capitale de la Narbonnaise seconde, devient siège d'un archevêché. Les hordes barbares, le passage successif des Wisigoths, Lombards et Sarrazins, jusqu'au Xe siècle, anéantissent la ville romaine.

A partir du XIe siècle, Aix retrouve la prospérité et atteint son apogée sous le règne du roi René, qui fait de la ville sa capitale artistique. Siège du parlement après le passage de la Provence sous l'autorité des rois de France, Aix devient, après quelques émeutes antimonarchiques – la dernière est matée par Condé lequel en 1660, se réconciliera solennellement à Aix avec Louis XIV, mettant fin à la Fronde –, un centre administratif et culturel. La bourgeoisie locale s'y fait bâtir des hôtels particuliers baroques. La Révolution enlève à la ville ses privilèges. La capitale de la Provence, devenue sous-préfecture des Bouches-du-Rhône, développe sa fonction universitaire.

Parmi les Aixois célèbres, Louise Colet (1810-1876) qui fut, de Musset à Flaubert, en passant par Victor Hugo, l'une des grandes égéries des romantiques, qu'elle accueillait dans son salon parisien. Émile Zola (1840-1902), fils d'un émigré italien passa son enfance et son adolescence à Aix. L'un de ses amis de collège s'appelait Paul Cézanne (1839-1906). Le moraliste Luc de Clapiers, marquis de Vauvenargues (1715-1747), le compositeur Darius Milhaud (1892-1974).

Aix, le ... – Après avoir revu Notre-Dame-des-Doms et les fresques de Giotto dans le Palais des papes, à la nuit tombante, je pars pour Aix. J'admire le pont sur la Durance, qui est peut-être le plus vilain torrent et le plus impatientant de France ; avant le pont, il arrêtait quelquefois les voyageurs pendant trois jours. Ce pont en bois n'en finit pas ; on passe au-dessus de nombreux délaissés couverts d'arbrisseaux et de vernes. Quand il pleut du côté d'Embrun et du mont Genèvre, où la Durance prend sa source, en un instant tout ce vaste lit se remplit d'eau. Si l'avenir garde à la France un second Napoléon, il jettera la Durance au milieu des coteaux arides de la Provence et nous gagnerons à cela une belle province.

On passe à Noves, lieu si cher à Pétrarque et où Laure était née.

Au milieu de la nuit, je me réveille sur une belle route, bordée de platanes, et qui passe en dehors d'un village.

– Quel est le nom de ce lieu ?

– Orgon.

– Quoi ! Orgon où l'on dit qu'on a tenté d'assassiner l'Empereur en 1814 ! Quelle ignominie pour la France si elle eût assassiné Napoléon !

Il y a là de certains grands rochers de forme ronde, que j'apercevais au milieu de la nuit, se détachant sur un ciel clair, et que je ne me rappellerai jamais qu'avec horreur : c'est apparemment dans ce passage que ces gens voulaient tuer Napoléon, lorsqu'il s'acheminait vers l'île d'Elbe.

Enfin, comme le jour se faisait, j'arrive au boulevard d'Aix, décoré de la statue du roi René. Ce cours est planté de vieux ormeaux, dont la verdure, ce matin, est toute blanchie par la poussière.

Les plus beaux hôtels d'Aix sont sur ce boulevard ; mais anciennement ils n'y donnaient que par pointe, pour ainsi dire ; les façades et les portes principales étaient sur les petites rues qui arrivent au boulevard, usage bien entendu et qui déroute la médisance. Aix est une ville de bonne compagnie, où les dames ont conservé leur empire. Tout le monde sait que le cours est décoré de trois fontaines ; celle du milieu donne de l'eau chaude.

Au commencement des temps historiques, les *Salyes*, nation ligurienne, occupaient les environs d'Aix ; ils offensèrent Marseille, et les Romains, alliés des Marseillais, les attaquèrent. Sextius Calvinus, près du lieu où il les avait vaincus, établit une ville nommée *Aquæ Sextiæ*, à cause de ses eaux thermales. Presque à partir du moment de sa fondation, Aix a été emportée dans le tourbillon de Marseille.

Alphonse, comte de Provence et roi d'Aragon, y établit son séjour. Ce prince aimait la poésie et était poète lui-même ; il introduisit en Provence le goût de la galanterie aimable. De là les *troubadours* dont tant de plats écrivains ont rendu le nom si ennuyeux.

Les *cours d'amour* datent de 1150, et la vie fut fort gaie en Provence jusqu'au sombre Louis XI, qui la réunit à la France. Bientôt, ce pays cessa d'être supérieur à ses voisins par l'esprit et le *gai savoir*.

J'ai appris tous ces détails en allant au Tholonet, charmant vallon où il y a de grands arbres ; mais le cruel *mistral* m'a empêché de les admirer comme j'aurais dû.

Je suis revenu au musée, qui n'est pas ouvert avant onze heures du matin. Le gardien m'a fait remarquer un bas-relief qui représente l'accouchement de Léda (huit grandes figures et trois petites au-dessous de Léda assise). J'ai remarqué trois mosaïques curieuses découvertes en 1790 : Thésée tuant le Minotaure, une scène de comédie et les préparatifs d'un combat au pugilat.

Je vois quelques inscriptions, parmi lesquelles une assez singulière ; elle est en grec, et en voici la traduction plus exacte qu'élégante :

« Sur ces rivages, que les flots font retentir, moi adolescent je te parle. Ô voyageur ! je suis cher aux dieux et ne suis plus sujet à la mort. Je n'ai point connu l'amour ; par mon âge tendre, je fus semblable aux jeunes dieux Amycléens, sauveurs des nautoniers; nautonier moi-même, je passais ma vie errante sur les flots. Mais, ayant obtenu ce tombeau de la piété de mes maîtres, j'ai dit adieu aux maladies, au travail ainsi qu'aux angoisses; car, tandis que nous vivons, ces misères sont nuisibles à nos corps. Parmi les morts, il y a deu¹ ᵗasses; l'une retourne errer sur la terre, l'autre va former les danses au ciel avec les dieux; c'est de cette dernière milice que je fais partie maintenant, ayant un dieu pour chef. »

Dans ces temps heureux, il n'y avait point d'enfer.

Les églises d'Aix m'ont paru assez médiocres; toutefois, il faut voir Saint-Sauveur, la cathédrale, bâtie au treizième siècle (le siècle bâtisseur par excellence), et surtout ses curieuses portes de bois de noyer, sculptées en 1504. Elles représentent des personnages et des costumes du temps, et le travail en est fort délicat.

Il faut regarder, pour l'acquit de sa conscience, le tableau peint par le roi René qui, sans contredit, fut un homme aimable; les tombeaux de Peiresc et de saint Mitre, le baptistère et ses colonnes; enfin l'église de Saint-Jean, édifice gothique, qui a un joli clocher et des tombeaux restaurés.

On sait que le bon roi René, mort en 1480, institua à Aix la fameuse procession de la Fête-Dieu, dont je vous épargne la description, ô lecteur bénévole! moi qui en ai subi trois descriptions en un seul jour. Ce roi René était un bon homme sans caractère ni talent. Pour avoir le plaisir de faire en repos des motets et de médiocres tableaux, il se laissa souffler tous ses États par le rusé Louis XI; la Provence lui a l'obligation d'avoir perdu sa nationalité.

J'ai vu de loin la montagne *de la Victoire*, plus curieuse pour moi que toutes les processions du monde; c'est en ce lieu que Marius détruisit les Teutons. Ces Barbares laissèrent, dit-on, deux cent mille des leurs sur le champ de bataille.

Stendhal, Mémoires d'un touriste

Arles

Théliné (la Nourricière) pour les Phocéens (600 ans av. J.-C.), puis Arelate (la ville aux marécages), Arles qui voulait se débarrasser de la tutelle de Marseille prit le parti de César, dans sa guerre contre Pompée, et obtint en récompense le statut de colonie romaine. Les vétérans de la sixième légion s'y installèrent. Point de jonction des voies romaines (qui reliaient l'Italie à l'Espagne) et du Rhône (que l'on franchissait sur un pont de bateaux), Arles est la cité des commerçants, des armateurs et des marins. Pendant la décadence romaine, elle demeure prospère.

Intégrée au royaume de Provence en 855, elle en devient la capitale. En 1178, l'empereur Frédéric Barberousse, suzerain de la Provence, vient en l'église Saint-Trophime, alors cathédrale, chef-d'œuvre de l'art roman provençal, se faire couronner roi d'Arles.

Avec l'arrivée de la maison d'Anjou, Arles perd sa suprématie. Alphonse Daudet, installé dans un moulin des environs (à Fontvieille), Frédéric Mistral, le patriarche de Maillane avec d'autres poètes du Félibrige, comme Paul Arène (né à Sisteron) tenteront de ressusciter la langue provençale en célébrant l'âge d'or du Royaume d'Arles.

En 1888, Vincent Van Gogh, avide de lumière, vient s'y installer. C'est là qu'il se brouillera avec Gauguin, et se tranchera l'oreille. L'hôpital de Saint-Rémy-de-Provence le recueillera.

Aujourd'hui, Arles, qui s'étend sur la Camargue, a la particularité d'être la plus vaste commune de France. Depuis la Seconde Guerre mondiale, le riz, en Camargue, a supplanté la vigne. Et, aux traditionnels troupeaux de bovins, s'ajoute désormais l'élevage du mouton (mérinos d'Arles).

Le Félibrige

Un autre jour, j'allais rejoindre mes amis les poètes provençaux, les Félibres. A cette époque, le Félibrige n'était pas encore érigé en institution académique. Nous étions aux premiers jours de l'*Église*, aux heures ferventes et naïves, sans schismes ni rivalités. A cinq ou six bons compagnons, rires d'enfants, dans des barbes d'apôtres, on avait rendez-vous tantôt à Maillane, dans le petit village de Frédéric Mistral, dont me séparait la dentelle rocheuse des Alpilles ; tantôt à Arles, sur le forum, au milieu d'un grouillement de bouviers et de pâtres venus pour se louer aux gens des *Mas*. On allait aux Aliscamps écouter, couchés dans l'herbe parmi les sarcophages de pierre grise, quelque beau drame de Théodore Aubanel, tandis que l'air vibrait de cigales et que sonnaient ironiquement derrière un rideau d'arbres pâles les coups de marteau des ateliers du P.-L.-M. Après la lecture, un tour sur la Lice pour voir passer sous ses guimpes blanches et sa coiffe en petit casque la fière et coquette Arlésienne pour qui le pauvre Jan s'est tué par amour. D'autres fois, nos rendez-vous se donnaient à la Ville des Baux, cet amas poudreux de ruines, de roches sauvages, de vieux palais écussonnés, s'effritant, branlant au vent comme un nid d'aigle sur la hauteur d'où l'on découvre après des plaines et des plaines, une ligne d'un bleu pur, étincelant, qui est la mer. On soupait à l'auberge de Cornille ; et tout le soir, on errait en chantant des vers au milieu des petites ruelles découpées, de murs croulants, de restes d'escaliers, de chapiteaux découronnés, dans une lumière fantomale qui frisait les herbes et les pierres comme d'une neige légère. « Des poètes, *anén !...* » disait maître Cornille... « De ces personnes qui z'aiment à voir les ruines au clair de lune. »

Le Félibrige s'assemblait encore dans les roseaux de l'île de la Barthelasse, en face des remparts d'Avignon et du palais papal, témoin des intrigues, des aventures du petit Vedène. Puis, après un déjeuner dans quelque cabaret de marine, on montait chez le poète Anselme Mathieu à Châteauneuf-des-Papes, fameux par ses vignes qui furent longtemps les plus renommées de Provence. Oh! le vin des papes, le vin doré, royal, impérial, pontifical, nous le buvions, là-haut sur la côte, en chantant des vers de Mistral, des fragments nouveaux des *Iles d'or.* « En Arles, au temps des fades – florissait – la reine Ponsirade – un rosier... » ou encore la belle chanson de mer : « Le bâtiment vient de Mayorque – avec un chargement d'oranges... » Et l'on pouvait s'y croire à Mayorque, devant ce ciel embrasé, ces pentes de vignobles, étayées de murtins en pierre sèche, parmi les oliviers, les grenadiers, les myrtes. Par les fenêtres ouvertes, les rimes partaient en vibrant comme des abeilles ; et l'on s'envolait derrière elles, des jours entiers, à travers ce joyeux pays du Comtat, courant les *votes* et les ferrades, faisant des haltes dans les bourgs, sous les platanes du Cours et de la Place, et du haut du char à banc qui nous portait, à grand tapage de cris et de gestes, distribuant l'orviétan au peuple assemblé. Notre orviétan, c'étaient des vers provençaux, de beaux vers dans la langue de ces paysans qui comprenaient et acclamaient les strophes de *Mireille*, la *Vénus d'Arles* d'Aubanel, une légende d'Anselme Mathieu ou de Roumanille, et reprenaient en chœur avec nous la chanson du soleil : *Grand soleil de la Provence, – gai compère du mistral, – toi qui siffles la Durance – comme un coup de vin de Crau...* Le tout se terminait par quelque bal improvisé, une farandole, garçons et filles en costumes de travail, et les bouchons sautaient sur les petites tables, et s'il se trouvait une vieille marmoteuse d'oraisons pour critiquer nos gaîtés de libre allure, le beau Mistral, fier comme le roi David, lui disait du haut de sa grandeur : « Laissez, laissez, la mère... les poètes, tout leur est permis... » Et confidentiellement, clignant de l'œil à la vieille qui s'inclinait, respectueuse, éblouie : « *Es nautré qué fasen li saumé...* C'est nous qui faisons les psaumes... »

Alphonse Daudet

Orange

Pour le visiteur descendu du Nord, Orange, c'est la porte de la Provence. Là commence la Méditerranée, là éblouit la lumière provençale.

Vers 40 av. J.-C., le territoire d'Orange est donné à la IIe légion gallique. La ville érigée est appelée Colonia Julia Secondanorum Aransio. Quatre siècles plus tard, Orange est un évêché. Au Moyen Age, elle devient principauté, propriété successive de la maison des Baux, puis des Châlon, enfin des Nassau. Lesquels, ayant choisi le protestantisme, accueillent leurs coreligionnaires chassés des Cévennes et du Dauphiné. Pendant les guerres de religion, les combats sont violents dans la principauté. Maurice de Nassau, au début du XVIIe siècle, fortifie la ville et la transforme en place forte. Lorsqu'éclate la guerre en 1672, entre le prince d'Orange, Stathouder de Hollande et futur Guillaume III d'Angleterre, et la France, Louis XIV fait raser la citadelle. En 1678, sa principauté est rendue à Guillaume d'Orange par la paix de Nimègue, mais le traité d'Utrecht, en 1713, donne Orange à la France, qui devient une ville de garnison.

Tarascon

Sur les bords du Rhône, à environ 20 kilomètres au sud d'Avignon, Tarascon doit beaucoup de sa notoriété à son Tartarin inventé par Alphonse Daudet. La ville n'en est pas à sa première légende. Comptoir d'échanges des Grecs de Marseille, puis citadelle romaine, elle apparaît dans l'histoire vers l'an 50 de notre ère. C'est là que sainte Marthe (l'une des saintes ayant débarqué aux Saintes-Maries-de-la-Mer, et qui accueillit Jésus à Béthanie) affronte la Tarasque, un monstre inspiré du Minotaure qui, tous les ans, entraîne des jeunes gens dans sa grotte du Rhône. Sainte Marthe la dompte, la met en laisse et la promène dans Tarascon, comme Tartarin plus tard, promène son chameau à défaut du lion. Les habitants alors, tuent le monstre et érige à sainte Marthe un tombeau sur lequel, en 500, Clovis, malade vient prier et guérir. En remerciement, il offre Tarascon à l'Église.

Les Tarasconnais, dès lors, obtiendront d'abord des comtes de Provence, puis des rois de France, des privilèges pour leur cité : consuls, droit de battre monnaie... Outre l'activité commerciale due au trafic sur le Rhône, Tarascon reçoit sa richesse des pèlerins : le tombeau de sainte Marthe est un haut-lieu religieux. La sainte, prétend la légende, ne cesse de veiller sur la ville : en 1424, elle lui épargne une inondation du Rhône; pendant les guerres de religion, elle inspire aux édiles de prendre le parti d'Henri IV de Navarre; en 1720, elle épargne à Tarascon, qui ne compte que 200 morts, une épidémie de peste qui transforme Arles en charnier. Dernier miracle, pendant la Seconde Guerre mondiale, de violents bombardements ne feront que 5 victimes.

C'est en juin, que, chaque année, Tarascon retrouve sa sainte et sa Tarasque, lors de deux processions, selon un cérémonial établi, dit-on, en 1469, par le légendaire roi René.

Avignon

Les premières traces d'occupation du site d'Avignon remontent au néolithique, sur le rocher des Doms, que sa hauteur mettait à l'abri des inondations du Rhône et de la Durance.

Pendant la période romaine, Avenio est éclipsée par Nîmes, ou Arles. Ce n'est qu'au début du XIIe siècle, lors d'un partage de la Provence, qu'Avignon, située à la jonction de comtés et de marquisat, prend des allures de ville frontière et est déclarée indivise. Présidée par un évêque, gouvernée par des consuls, la ville a son armée et sa monnaie. Son port sur le Rhône, le premier depuis la mer sur les routes d'Espagne et d'Italie, attire des milliers de voyageurs.

Louis VIII, pendant la guerre contre les Albigeois, rase ses remparts, aussitôt rebâtis.

Pour échapper à l'influence des grandes familles italiennes qui s'affrontent à Rome, le pape Clément V (élu en 1305) vient s'installer dans le Comtat Venaissin, terre pontificale, et fait de fréquents séjours au couvent des dominicains d'Avignon. Son successeur, Jean XXII, qui a été évêque de la ville, et qui a fait la réputation des vignobles de Châteauneuf-du-Pape, installe la papauté à Avignon de façon permanente. Ses successeurs construisent le Palais des Papes et, pour être maître chez lui, Clément VI achète la ville à la reine Jeanne, en 1348.

C'est pour se protéger des mercenaires à la solde de l'Angleterre qu'Innocent VI fait ériger les remparts actuels. En 1378, Urbain VI est pape à Rome, et Clément VII soutenu par le roi de France, pape en Avignon. Le schisme, agrémenté de péripéties guerrières et diplomatiques, dure jusqu'en 1417.

Le pape retourné au Vatican, Avignon garde son rôle de ville refuge et de centre d'affaires. François Ier y installe ses troupes pendant les guerres d'Italie. C'est le début de la fin :

Avignon l'indépendante doit ployer sous le joug des Valois, surtout après avoir fait appel à eux, pendant les guerres de religion, pour résister aux protestants qui ont fait de ce bastion catholique un symbole à abattre. Mais Avignon reste domaine papal.

Mazarin en est le vice-légat de 1634 à 1637. Avec le soutien des rois de France, la population se soulève à plusieurs reprises contre ses dirigeants ecclésiastiques.

Ce n'est que pendant la Révolution, en 1791, que l'annexion, ratifiée par la Convention en 1793, mais acceptée par le pape en 1814, est prononcée.

Au XIXe siècle, les colorants chimiques et les importations asiatiques ruinent le commerce de la garancine et les magnaneries. Avignon et sa région deviennent, grâce aux irrigations, le jardin maraîcher de la France.

« Voir Naples et mourir », dit le Napolitain. « Qui n'a pas vu Séville n'a rien vu », dit l'Andalou. « Rester à la porte d'Avignon, c'est rester à la porte du paradis », dit le Provençal.

En effet, s'il faut en croire l'historien de la ville papale, Avignon est non seulement la première ville du Midi, mais encore de la France, mais encore du monde.

Écoutez ce qu'il en dit :

« Avignon est noble pour son antiquité, agréable pour son assiette, superbe pour ses murailles, riante pour la fertilité du solage, charmante pour la douceur de ses habitants, magnifique pour ses palais, belle pour ses grandes rues, merveilleuse pour la structure de son pont, riche pour son commerce, et connue par toute la terre. »

Voilà un bel éloge, j'espère ! Eh bien ! à cet éloge quoique nous arrivions cent ans après celui qui l'a fait, nous n'enlèverons presque rien et nous ajouterons même quelque chose.

En effet, pour le voyageur qui descend le fleuve auquel Tibulle donne l'épithète de *celer*, Ausone celle de *præceps*, et Florus celle d'*impiger* ; pour celui qui commence, depuis Montélimar, à s'apercevoir qu'il est dans le Midi, au ton plus chaud des terrains, à l'air plus limpide, aux contours plus arrêtés des objets ; pour celui qui passe enfin en frissonnant sous les arches meurtrières du pont Saint-Esprit, dont chacune a son nom, afin que l'on sache à l'instant même où un bateau se brise contre une d'elles à quel endroit il faut porter secours ; pour qui laisse à droite Roquemaure, où Annibal traversa le Rhône avec ses quarante éléphants : à gauche le château de Mornas, du haut duquel le baron des Adrets fit sauter toute une garnison catholique ; Avignon, à l'un des détours du fleuve, se présente tout à coup avec une magnificence vraiment royale.

Il est vrai que la seule chose qu'on aperçoive d'Avignon, au moment où l'on perçoit Avignon, c'est son gigantesque château, palais des papes, édifice du XIVe siècle, seul modèle complet de l'architecture militaire de cette époque, et qui est bâti sur l'emplacement où s'élevait autrefois le temple de Diane, qui a donné son nom à la ville.

Maintenant, comment un temple de Diane a-t-il pu donner son nom à la future demeure des papes ? Nous allons le dire, en réclamant pour nous cette indulgence dont nous avons toujours vu les lecteurs être prodigues envers les étymologistes.

Ave Diana! Diane! disait le voyageur du plus loin qu'il apercevait le temple de la chaste déesse, au temps de la belle latinité, au siècle de Cicéron, de Virgile et d'Auguste;

Ave Niana! commencèrent à dire les bateliers au siècle de Constantin, c'est-à-dire à une époque où l'idiome du pays avait déjà corrompu la pureté de la langue latine;

Ave Nio! dirent les soldats des comtes de Toulouse, de Provence et de Forcalquier; de là, Avignon.

Notez bien que ceci est de l'histoire; nous serions autrement positif que nous ne le sommes si, au lieu d'histoire, nous faisions du roman.

Vous voyez donc que de tout temps Avignon a été une ville privilégiée; d'ailleurs, une des premières, elle a eu un pont magnifique, un pont bâti en 1177 par un jeune berger nommé Bennezet, qui après avoir été pasteur de brebis se fit pasteur d'âmes, et eut la chance d'être canonisé. Il est vrai qu'il ne reste plus aujourd'hui que trois ou quatre arches de ce pont, ruiné sous le règne de Louis XIV, l'an de grâce 1669, c'est-à-dire cinquante-huit ans à peu près avant l'époque où commence l'histoire que nous allons raconter.

Mais c'est surtout vers la fin du XIVe siècle qu'Avignon était splendide à voir. Philippe le Bel, qui avait cru donner à Clément V et à ses successeurs, des gardes, une prison et un asile, leur avait donné une cour, un palais et un royaume.

C'était bien en effet une cour, un palais et un royaume que possédait cette reine du luxe, de la mollesse et de la débauche, que l'on appelait Avignon; elle avait une ceinture de murailles qu'avait nouée autour de ses flancs rebondis Hernaudy de Herodia, grand-maître de l'ordre de Saint-Jean-de-

Jérusalem; elle avait des prêtres dissolus qui touchaient le corps du Christ avec des mains ardentes de luxure; elle avait de belles courtisanes, sœurs, nièces et concubines des papes, qui arrachaient les diamants de la tiare pour s'en faire des bracelets et des colliers; elle avait enfin les échos de la fontaine de Vaucluse, qui répétaient amoureusement le doux nom de Laure, et qui la berçaient au bruit des molles et voluptueuses chansons de Pétrarque.

Il est vrai que lorsque, à la sollicitation de sainte Brigitte de Suède et de sainte Catherine de Sienne, Grégoire XI quitta Avignon, en 1376, et partit pour Rome, où il arriva le 17 janvier 1377; il est vrai qu'Avignon, déshéritée de sa splendeur, tout en gardant ses armes, qui sont de gueules à trois clefs d'or posées de face et soutenues par une aigle avec cette devise « *Unguibus et rostris* », ne fut plus qu'une veuve en deuil, un palais solitaire, un sépulcre vide. Les papes gardèrent bien Avignon, qui était d'un bon rapport, mais comme on garde un château qu'on n'habite plus; ils y envoyèrent bien un légat pour les remplacer, mais le légat les remplaça comme l'intendant remplace le maître, comme la nuit remplace le jour.

Avignon demeura cependant la ville religieuse par excellence, puisqu'à l'époque où commence cette histoire, on y comptait encore 109 chanoines, 14 bénéficiers, 350 religieux, 350 religieuses, qui, avec plusieurs ecclésiastiques subalternes attachés au service des huit chapitres, formaient un total de 900 personnes consacrées au service des autels, c'est-à-dire le vingt-huitième de la population.

En outre, Avignon, après avoir eu sept fois sept papes, qui avaient régné sept fois dix ans, Avignon possédait encore en 1727 sept fois sept choses importantes pour la beauté, l'agrément et la moralité d'une grande ville.

Elle avait sept portes, sept palais, sept paroisses, sept églises collégiales, sept hôpitaux, sept couvents de religieux et sept monastères de filles.

Alexandre Dumas, début du roman : *Olympe de Clèves*

Friandises

Berlingots de Carpentras

A l'origine mélange de sucre et de cassonade bruni à la cuisson, le berlingot ne prend ses couleurs que lorsque le confiseur Eysseric, en 1851, a l'idée de mélanger du sucre, du sirop de fruits confits, et de le parfumer avec de la menthe. Le berlingot fait un triomphe à l'exposition internationale de Paris en 1874.

Calissons d'Aix-en-Provence

XVIe, XVIIIe siècle? les érudits gourmands sont divisés sur l'apparition du calisson, mélange harmonieux de pâte d'amande, de melon confit et de miel, le tout enrobé dans du pain azyme et nappé de sucre glacé. Friandise que l'on pouvait déguster sans devoir pécher par gourmandise, les calissons auraient été, lors des messes, placés près du calice (d'où leur nom) et distribués pendant la cérémonie.

Fruits confits d'Apt

Les Gallo-Romains savaient les faire, mais ce furent les papes d'Avignon qui se chargèrent de leur promotion (avec les vins rouges de Châteauneuf). Apt est la capitale mondiale du fruit confit. A l'eau du fruit on subtilise, à chaud, une solution sucrée.

Papelines d'Avignon

La papeline composée de chocolat fin, de sucre et d' « origan du comtat » est plus qu'une friandise; c'est un médicament! Ne prétend-on pas que l' « origon du comtat », cette liqueur fabriquée avec plus de soixante plantes du Ventoux, et digne de l'élixir du père Gaucher, permit aux Avignonnais de lutter efficacement contre le choléra en 1884.

Quelques spécialités gourmandes

Aïoli : mayonnaise à l'ail.

Anchoïade : sauce aux anchois et à l'huile d'olive pour accompagner les crudités.

Daube avignonnaise : elle se fait avec du mouton, et non du bœuf. (voir recette de la daube provençale page 139.)

La Gardiano : ragoût d'épaule de mouton et de pommes de terre, sorte d'Irish Stew camarguais.

Saucisson d'Arles : bœuf et porc, aillés et fumés, y sont mélangés en quantité égale.

Tian : (recette page 11).

... et, bien entendu, pour les accompagner, les vins locaux, du prestigieux Châteauneuf-du-Pape de réputation mondiale, ou d'un autre Côte-du-Rhône, le Gigondas, déjà cité par Pline, aux coteaux d'Aix, Côtes-de-Provences, Côtes du Lubéron...

Dans la même collection